# CHUVA DE ROSAS

**Dados Internacionais de Catalogação na Publicação (CIP)**
**(Câmara Brasileira do Livro, SP, Brasil)**

Jesus, Teresa do Menino, 1873-1897
Chuva de rosas : orações de uma alma devota / Santa Teresinha do Menino Jesus. – Petrópolis, RJ : Vozes, 2025.

ISBN 978-85-326-7120-2

1. Devoções diárias – Igreja Católica 2. Oração – Igreja Católica 3. Teresinha do Menino Jesus, Santa, 1873-1897 I. Título.

25-265520 CDD-242.8

Índices para catálogo sistemático:
1. Orações : Literatura devocional : Cristianismo 242.8

Eliete Marques da Silva – Bibliotecária – CRB-8/9380

Santa Teresinha
do Menino Jesus

# CHUVA DE ROSAS

## Orações de uma alma devota

Tradução de Frei Ary E. Pintarelli, OFM

EDITORA
VOZES

Petrópolis

Tradução do original em francês intitulado *Soeur Thérèse de l'Enfant-Jésus et de la Sainte Face. Histoire d'une âme écrite par ele-même.*

Poesias extraídas da *Obra Completa – História de uma alma, cartas, poesias e manuscritos*, Parte 2 e 3, Petrópolis, Vozes, 2021, p. 345-438.


Rua Frei Luís, 100
25689-900 Petrópolis, RJ
www.vozes.com.br
Brasil



*Editoração*: Débora Spanamberg
*Diagramação*: Editora Vozes
*Revisão gráfica*: Alessandra Karl
*Capa*: Rafael Machado

ISBN 978-85-326-7120-2

Este livro foi composto e impresso pela Editora Vozes Ltda.

# Sumário

# O Orvalho divino ou o Leite virginal de Maria

Melodia: *Noël d'Adam*.

Meu doce Jesus, no regaço de tua Mãe
Me apareces em teu radiante amor;
Ao meu coração revela o mistério
Que da celeste morada te exilou.
Ah, permite que eu me esconda sob o véu
Que te oculta ao mortal olhar.
Junto a ti somente, ó estrela matutina,
    Possa minha alma sentir o antegozo do céu!

Se ao despertar de uma nova aurora,
Quando se virem do Sol os raios primeiros,
A tenra flor que começa a se abrir
Espera do alto um bálsamo precioso:
É da manhã o orvalho brilhante,
Misterioso e repleto de frescor,
Que produz uma seiva abundante
    E tão docemente entreabre a flor.

Tu és, meu Jesus, Flor apenas aberta.
Eu te contemplo em teu primeiro acordar;
Tu és, Jesus, a rosa deslumbrante,
Fresco botão, gracioso e dourado.

Os braços tão puros de tua Mãe querida
Formam-te um berço, um trono real.
Teu doce sol é o seio de Maria,
    E teu orvalho, seu leite virginal!

Meu Amado, meu divino Irmãozinho,
Em teu olhar, eu vejo todo o futuro:
Logo, por mim, deixarás tua Mãe;
Pois o amor te impele a sofrer!
Mas sobre a cruz, ó Flor desfolhada,
Reconheço o teu perfume matinal;
Reconheço as pérolas de Maria:
    Teu sangue divino é leite virginal!

Este orvalho está no santuário
Também o Anjo quer dele beber;
Oferecendo a Deus sua prece sublime,
Como São João, ele diz: *Ei-lo aqui!*
Sim, eis aqui o Verbo feito Hóstia!
Sacerdote eterno, Cordeiro sacerdotal
O Filho de Deus é também de Maria...
    *Pão dos Anjos é o leite virginal!*

O Serafim se alimenta da glória,
Do puro amor e do gozo perfeito;
Eu, frágil criança, no cibório só vejo
A simples cor e a figura do leite.
Mas é o leite que convém à infância,
Coração divino, é amor sem igual...
Ó terno amor, insondável poder!
    A Hóstia branca é leite virginal!

2 de fevereiro de 1893.

# A Rainha do céu à sua pequena Maria

A uma postulante chamada Maria.
Melodia: *Petit oiseau, dis, où vas-tu?*

Busco uma filha que se assemelhe
A Jesus, meu único Cordeiro,
Para escondê-los bem juntinhos,
    Os dois num só bercinho.

O Anjo da Pátria santa
Terá inveja dessa ventura;
Mas é a ti que o dou, Maria,
    O Deus Filho será teu Esposo!

Foi a ti mesmo que escolhi,
Para ser de Jesus a irmã.
Queres lhe fazer companhia?
    Em seu coração dormirás!

Vou te embalar sob o véu
Onde se vela o Rei do céu.
Meu Filho será tua estrela,
    Que em teus olhos vai brilhar.

Para que sempre eu te abrigue
Sob o meu véu, com Jesus,

Tu deves tornar-te pequena,
    Com virtudes de menina.

Quero que brilhe em tua fronte
Toda a doçura e pureza;
Mas a virtude que eu te dou
    É sobretudo a *simplicidade*.

O Deus uno em três Pessoas,
Que os anjos todos adoram...
Quer o Eterno que lhe dês
    O simples nome *Flor do campo*!

Como branca margarida
A olhar sempre ao céu,
Sê também simples florzinha
    Do Menino do Natal.

O mundo não vê os encantos
Do Rei que se exila do céu;
Muitas vezes verás lágrimas
    A brilhar em seus olhinhos.

Esquecendo embora as penas
Para alegrar o teu Menino.
Bendize as tuas cadeias,
    Que tu cantas com doçura...

O Deus cuja onipotência
Detém a vaga que ribomba,
Tomando traços de criança
    Tornou-se frágil e pequeno.

O Verbo, Palavra do Pai,
Que por ti aqui se exila,

Doce Cordeiro, teu Irmãozinho,
    Nunca mais te falará!

O silêncio é a primeira prova
De seu amor indizível.
Compreendendo a muda linguagem
    Imitá-lo-ás cada dia.

E se por vezes ele adormece,
Junto a ele dormirás;
Seu Coração sempre vigia,
    Servir-te-á de doce apoio!

Não te inquietas, pois, Maria,
Com a obra de cada dia;
Teu trabalho desta vida
    Deve ser somente *o amor*!

E se alguém vem te dizer
Que tuas obras não se veem,
Gostaria que dissesses:
    Eis aqui o meu trabalho.

Jesus tecerá tua coroa,
Se só quiseres seu amor;
Se teu coração se abandonar,
    Um dia, te fará ele reinar.

Depois da noite desta vida,
Tu verás seu doce olhar;
No céu, tua alma encantada
    Voará sem retardo algum.

Natal de 1894.

# Por que te amo, ó Maria!

Melodia: *La plainte du Mousse.*

Quisera cantar, Maria, porque te amo!
Porque teu nome tão doce me faz tremer!
Porque o pensar em tua grandeza suprema
Nenhum temor consegue inspirar à minha alma.
Se te contemplasse em tua sublime glória,
Ultrapassando o esplendor dos bem-aventurados,
Eu não poderia crer que sou tua filha…
    Diante de ti, Mãe, meus olhos abaixaria.

Para que um filho ame sua mãe, é preciso
Que ela chore com ele, partilhe suas dores.
Rainha querida, nesta terra estrangeira,
Para atrair-me a ti, quanto não choraste!
Meditando tua vida no santo Evangelho,
Ouso te olhar e aproximar-me de ti.
Crer que sou tua filha não é nada difícil,
    Pois te vejo moral e sofrendo como eu.

Quando um Anjo do céu te anuncia que és Mãe
Do Deus de amor que deve reinar para sempre,
Vejo-te preferir – oh! mistério insondável,
O inefável tesouro de tua virgindade!
Eu vejo que tua alma, imaculada Virgem,

Mais cara é ao Senhor que a divina morada.
Compreendo, outrossim, humilde e manso vale,
Que conténs a Jesus, o Oceano do amor.

Eu te amo, ó Maria, dizendo-te a serva
Do Deus que tu encantas por tua humildade.
Esta grande virtude te torna potente,
Abrindo teu coração à Santa Trindade!
O Espírito de amor te cobre com sua sombra,
O Filho igual ao Pai em ti se encarnou...
Muitos serão também seus irmãos pecadores,
Já que deve chamar-se: Jesus, teu primogênito!

Maria, tu sabes, que apesar de pequena,
Como tu, eu possuo o Onipotente.
Mas não temo, nem vendo a minha fraqueza,
Já que o tesouro da mãe, pertence à filha;
Sim, eu sou tua filha, Mamãe tão querida,
Tuas virtudes, teu amor, não são também meus?
Assim se em meu coração desce a branca Hóstia,
Jesus, teu Cordeiro, crê em ti repousar!

Tu me deixas sentir que não é impossível
Caminhar em teus passos, Rainha dos santos!
O caminho do céu, o fizeste visível
Praticando sempre as mais humildes virtudes;
Ao teu lado, Maria, adoro ser pequena,
Das grandezas da terra, eu só vejo a vaidade...
Com Santa Isabel, que recebe tua visita,
Aprendo a praticar a ardente caridade.

Ajoelhada ouço, dos Céus doce Rainha,
Teu sagrado canto, que sai do coração,

Tu me ensinas a cantar louvores divinos
E me glorificar em Jesus meu Salvador.
Tuas palavras de amor são místicas rosas
Que devem perfumar os séculos futuros:
Em ti, o Onipotente só fez grandes coisas
    Quero meditá-las e sempre o bendizer.

Quando o bom São José ignorava o milagre,
Que, em tua humildade, querias esconder,
E tu o deixas chorar junto do Tabernáculo,
Que do Salvador vela a divina beleza.
Oh! como amo teu eloquente silêncio!
Para mim é concerto melodioso e doce
Que fala da grandeza e da onipotência
    De uma alma que só do céu espera ajuda.

Mais tarde, em Belém, ó José e Maria,
Pelas pessoas eu vos vejo rejeitados;
Ninguém quer receber em sua hospedaria
Estranhos pobres... o lugar é para os grandes!
Se o lugar é para grandes, resta um estábulo,
Onde a Rainha dos céus dá à luz a um Deus.
Ó Mãe do Salvador, eu vejo que és amável
    Por morar assim tão longe em lugar tão pobre!

Quando vejo que o Eterno é envolto em panos,
Quando, do Verbo divino, ouço o débil vagido...
Maria, nesse instante, invejaria eu os Anjos?
Pois seu Senhor é meu Irmão muito querido!
Eu te bendigo, Maria, que em nossa terra
Fizeste que se abrisse esta Flor divinal!
Como te amo, ouvindo pastores e magos,
    E tu a guardar tudo em teu bom coração.

Amo-te, mesmo em meio às outras mulheres,
Que para o Templo santo voltaram seus passos;
Amo-te apresentando o Salvador de nossa alma
Ao ditoso ancião que o acolheu em seus braços.
Primeiro, sorrindo quero ouvir o seu canto,
Mas, depressa, seu tom faz verter-se o meu
pranto...
Lançando ao futuro seu olhar de profeta
Simeão te apresenta uma espada de dor!

Até o fim de tua vida, Rainha das mártires,
Trarás no coração esta espada de dor.
Já deverás tu deixar o Sol de tua pátria
Para de um rei ciumento o furor evitar.
Jesus dorme em paz sob as dobras do teu véu,
José vem pedir para depressa partir;
De imediato tua obediência se revela
Tu partes sem demora e sem nada pensar.

Na terra do Egito, me parece, Maria,
Que a pobreza faz teu coração bem feliz;
Afinal, não é Jesus a mais bela das Pátrias?
Que importa o exílio?... Tu possuis o teu céu.
Mas, em Jerusalém, uma amarga tristeza,
Qual vasto oceano, inunda o teu coração.
Três dias, perde-se Jesus de tua ternura.
Eis aí o exílio em seu pleno rigor!

Enfim, o encontras e em transportes de amor...
Tu dizes ao bom Filho que encanta os Doutores:
Oh! Filho querido, por que agiste assim?
Teu pai e eu te procurávamos chorando!...

E o Deus-Menino lhe diz –
   Profundo mistério!
Por que me procuram, se às coisas de meu Pai
      Preciso dedicar-me? Vós bem o sabeis!

O Evangelho me ensina que, sempre crescendo,
A José e Maria Jesus é submisso;
Com quanta ternura, o coração me revela,
Ele sempre obedece a seus pais tão queridos.
Agora compreendo o mistério do Templo,
A resposta e o tom muito amável do Rei;
Mãe, teu doce Filho quer que sejas exemplo
      Da alma que o busca
      em noite escura da fé...

Visto que o Rei do céu desejou que sua Mãe
Sofresse na noite e na agonia interior,
Então, de fato, é um bem sofrer sobre a terra?
Sim!... sofrer e amar é o mais puro dom!
Tudo o que me deu, Jesus pode retomar,
Diz-lhe que comigo Ele jamais se incomode;
Pode bem se esconder; eu consinto esperar
      Até o dia sem fim em que a fé terminar.

Eu sei que em Nazaré, Virgem plena de graças,
Viveste na pobreza e nada mais quiseste;
Nada de arroubos, milagres ou encantos
A adornar-te a vida, ó Rainha dos santos!
Muito grande é na terra o grupo dos pequenos,
Que, sem tremer, podem a ti erguer os olhos.
Pela rota comum, ó incomparável Mãe,
      Apraz-te caminhar e guiá-los aos céus!

Neste triste exílio, ó minha Mãe querida,
Vou viver contigo e seguir-te a cada dia;
Ao te contemplar, Mãe, mergulho encantada
E em teu coração, descubro abismos de amor!
Teu maternal olhar afasta os meus temores:
Ele me ensina a chorar e também a gozar.
Em vez de desprezar dias de festas santas
    Queres partilhá-las e também bendizê-las.

Ao ver o apuro dos esposos de Caná,
Que agora podem ver a falta do bom vinho,
Ao Salvador o dizes, com solicitude,
Esperando o socorro do poder divino.
Jesus parece recusar o teu pedido:
Mulher, isso que importa a mim como a ti?
Mas no profundo Ele te chama de sua Mãe,
    E o primeiro milagre Ele o faz só por ti!

Quando os pecadores escutam a doutrina
Daquele que ao céu os queria levar,
Eu te vejo com eles, Mãe, sobre a colina;
Alguém diz a Jesus que tu o querias ver.
Teu Filho, então, diante de toda a multidão,
A imensidão mostra de seu amor por nós.
Diz: "É meu irmão, minha irmã e minha mãe
    Só aquele que de meu Pai faz a vontade".

Ó Virgem imaculada, ó mãe a mais terna!
Ao escutar a Jesus tu não te entristeces,
Mas te alegras porque nos faz compreender
Que nossa alma se faz sua família na terra.
Sim, tu te alegras porque nos dá sua vida,
De sua Divindade os infinitos tesouros!

Como não te amar ou bendizer-te, Maria,
Vendo o teu amor e tua generosidade?...

Tu nos amas assim como Jesus nos ama,
E consentes afastar-te dele por nós.
Amar é doar tudo e doar a si mesmo:
Tu quiseste prová-lo ao ser nosso apoio.
O Salvador via tua imensa ternura,
Conhecia os segredos do teu coração!...
Refúgio dos pecadores, a ti nos deixa
Quando deixa a cruz pra aguardar-nos
no céu!

Tu me apareces, Maria, no alto Calvário,
De pé junto à cruz, qual sacerdote no altar;
Pra acalmar a justiça do Pai, tu ofertas
O doce Emanuel, teu amado Jesus.
Disse bem o profeta, ó Mãe desolada:
Não existe uma dor comparável à tua!
Rainha dos mártires, ficando no exílio,
Tu nos dás todo o sangue do teu coração!

A casa de João é teu único abrigo,
O filho de Zebedeu repôs a Jesus!
É o detalhe final que nos dá o Evangelho:
Pois da Virgem Maria ele não fala mais...
Seu profundo silêncio, minha Mãe querida,
Não me revela também que o Verbo eternal
Quer sempre cantar os segredos de tua vida
E encantar teus filhos com os santos do céu?

Muito em breve, ouvirei esta doce harmonia,
Muito em breve, no belo céu hei de te ver.

Tu me sorriste na manhã de minha vida.
Vem sorrir-me ainda... Eis que o dia declina!
Já não temo o brilho da glória suprema.
Contigo eu sofri... E quero também agora
Cantar em teu regaço, Virgem, pois te amo...
E dizer para sempre que sou tua filha!

Maio de 1897.

# A São José

Melodia: *Par les chanats les plus magnifiques.*

José, vossa vida admirável
Foi passada na humildade;
Mas de Jesus e de Maria
Contemplastes a beleza!
O Filho de Deus em sua infância,
Mais de uma vez, com alegria,
Submisso à vossa obediência,
    Descansou em vosso peito.

Como vós, na solidão,
Nós servimos Maria e Jesus;
Seu prazer é nosso esforço
Nada mais nós desejamos.
Santa Teresa, nossa Mãe
Sempre confiou em vós;
Ela garante que sua prece
    Prontamente atendereis.

Quando acabar a provação,
Esperança nós teremos,
De vos ver, ó nosso Pai,
Junto à nossa Mãe querida!
Então leremos vossa história,
Ignorada dos mortais;
Descobriremos vossa glória
    E a cantaremos lá no céu.

1894.

# Ao meu Anjo da Guarda

Melodia: *Par les chants les plus magnifiques.*

Glorioso Guardião de minha alma,
Tu que brilhas no belo céu
Como doce e pura chama,
Junto ao trono do Eterno;
Desce a mim, até a terra,
Iluminar-me com teu brilho,
Belo Anjo, és meu irmão,
Meu amigo e consolador!

Conhecendo minha fraqueza
Tu me guias pela mão;
E eu te vejo, com ternura,
Tirar a pedra do caminho…
Tua voz sempre me chama
A olhar somente os céus;
Quanto mais me vês pequena,
Mais radiosa é tua face.

Tu que atravessas o espaço
Mais veloz do que um raio,
Eu te peço, voa a mim,
Junto àqueles que eu amo;
Com tua asa seque o pranto,

Canta que Jesus é bom
E que sofrer tem seu encanto,
    E, baixinho, dize meu nome.

Nesta minha breve vida
Salvar quero os pecadores;
Belo Anjo, lá da pátria,
Dá a mim teu santo ardor.
Tenho só meus sacrifícios
E a pobreza, que é austera;
Junto a teus celestes dons,
    Oferta-os à Trindade.

A ti, o reino e a glória,
E as riquezas do meu Rei;
A mim, a Hóstia santa
Com o tesouro da cruz.
Com a cruz e com a Hóstia,
E o celestial socorro,
Espero em paz, da outra vida,
    A alegria que dura sempre!

Fevereiro de 1897.

# A meus irmãozinhos do Céu, os santos Inocentes

Melodia: *Le fil de la Vierge* ou *La Rose mousse*.

*O Senhor reunirá seus cordeirinhos e os tomará no seu seio.*
Is 40,11

*Bem-aventurado o homem a quem Deus atribui justiça independentemente das obras, porque diante dos que trabalham a recompensa não é vista como graça, mas como dívida. Porém, ao que não opera, mas crê naquele que justifica o ímpio, sua fé é imputada como justiça em virtude da redenção da qual Jesus é o Autor.*
Rm 4,4-6

Felizes Criancinhas! com que ternura
O Rei dos céus

Abençoou-vos e encheu de carinhos
Vossas frontes radiosas!

Dos Santos Inocentes vós sois a figura,
E eu antevejo

Os bens que, no céu, vos dá sem medida
O Rei dos reis.

Vós contemplastes as imensas riquezas
Do paraíso,

Antes de conhecer as amargas tristezas,
Amados lírios!

Botões perfumados, colhidos na aurora
Pelo Senhor...

O doce Sol do amor que vos fez eclodir,
Foi o seu Coração!

Que inefáveis cuidados, que ternura especial
E que amor

Vos dedica, na terra, a Igreja que é Mãe,
Crianças de um dia!

Em seus braços maternos vós fostes primícias
Cedidas a Deus.

Pela eternidade vós fareis as delícias
Do belo céu azul.

Ó Filhos, formais o virginal cortejo
Do doce Cordeiro;

E podeis repetir – regalia admirável! –
Um cântico novo.

Sem combater alcançastes a glória
Dos conquistadores;

O Salvador vos dará a vitória,
Vencedores notáveis!

As pedras preciosas não hão de brilhar
Em vossos cabelos;

Só o brilho dourado dos cachos sedosos
Encantam o céu…

Os tesouros dos santos, suas palmas, coroas
Vosso é tudo!

Na pátria santa, enfim, vossos ricos tronos
São seus joelhos.

Pra sempre brincais com os pequenos Anjinhos
Perto do altar;

E vossos cantos infantis, falanges graciosas,
Encantam o céu!

O bom Deus vos ensina como Ele faz rosas,
Pássaros e ventos;

Não há sábio, na terra, que tanto conhece
Como vós, Pequeninos!

Do firmamento azulado erguendo os véus
Misteriosos,

Em vossas mãozinhas pegais as estrelas
De mil luzes.

E correndo deixais um rastro prateado;
Às vezes de noite,

Quando vejo a brancura do céu estrelado,
Eu creio vos ver…

Aos braços de Maria, após vossas festas
Vós acorreis;

Em seu véu estrelado, escondeis as cabeças,
E adormeceis...

Safadinhos charmosos, vossa audácia infantil
Agrada ao Senhor;

E ainda mimais sua Face adorável,
Que favor!

É a vós que o Senhor por modelo me dá,
Santos Inocentes!

Quero ser na terra vossa imagem fiel,
Pequeninos.

Ah! dignai-vos obter-me as virtudes da infância,
O vosso candor.

Vosso perfeito abandono, a amada inocência
Encantam meu coração.

Ó Senhor, Tu conheces de minha alma exilada
Os desejos ardentes:

Quisera ceifar, belo Lírio dos vales,
Lírios brilhantes...

Os botões da primavera eu os busco e os amo
Para teu prazer;

Derrama sobre eles a água batismal,
Vem colhê-los!

Sim, eu quero aumentar a branca falange
Dos Inocentes;

Minha dor e alegria ofereço em troca
        Das almas pequenas.

Entre os Inocentes eu peço um lugar,
        Rei dos eleitos,

Como eles, desejo tua doce Face beijar
        Ó meu Jesus!

Fevereiro de 1897.

# A melodia de Santa Cecília

*Ao som dos instrumentos,*
*Cecília cantava em seu coração...*
Ofício da Igreja

Ó Santa do Senhor, contemplo admirada
O rastro luminoso que deixas para trás;
Ainda creio ouvir tua doce melodia,
Teu canto celestial até mim há de chegar!
De minha alma exilada ouve esta oração,
Dá-me repousar em teu coração virginal:
Este lírio imaculado que brilha sobre a terra
De esplendor maravilhoso e quase sem igual.

Ó castíssima pomba, que atravessando a vida,
Jamais buscaste outro Esposo senão Jesus,
Que escolheu a tua alma e a ela se uniu,
Vendo-a perfumada e de ricas virtudes.
Contudo um mortal, ardoroso em juventude
Sentiu teu perfume, branca flor celestial!
Para colher-te e conquistar tua ternura,
Valeriano quis doar-te o seu coração.
E logo preparou as magníficas núpcias,
Cantos melodiosos soavam em seu palácio;
Teu coração virginal, porém, repetia cantos,
Cujo eco divino elevou-se até os céus...
Que podias cantar, tão longe de tua Pátria,

E vendo ao teu lado este pobre mortal?
Querias, por certo, abandonar esta vida
E te unir para sempre a Jesus lá no céu?
Mas não! Ouço vibrar tua seráfica lira,
Lira de amor, cujo acento é tão suave;
Cantavas ao Senhor este canto sublime:
"Meu coração seja puro, Jesus, terno Esposo!"
Inaudito abandono! Santa melodia!
Tu revelas amor com teu canto celeste:
Amor que não teme, adormece e se esquece
No Coração de seu Deus, como filha pequena...
Na abóboda azul viu-se a branca estrela
Que veio alumiar com seus tímidos raios
A fulgurante noite a nos mostrar sem véu
O virginal amor dos esposos nos céus...

Valeriano então que sonhava o gozo,
De teu amor, Cecília, fez o seu anseio...
Encontrou muito mais em tua nobre aliança:
Lhe mostraste do alto o eterno futuro!
"Meu jovem – disseste – junto a mim
sempre vela
O Anjo de Deus, que guarda meu coração;
Ele não me abandona, mesmo se adormeço,
Alegre, cobre-me com suas asas azuis.
À noite, brilhar vejo seu rosto adorável,
De um brilho mais doce que os raios da manhã;
Sua face me parece a luzente imagem
Do mais puro reluzir da Face divina".
Valeriano retoma: "Mostra-me teu Anjo,
Para em teu juramento eu poder confiar;
Do contrário, teme já que meu amor muda
Em terrível furor, em ódio contra ti".

Ó pomba escondida nas fendas da pedra,
Tu não temeste os ardis do caçador!
A Face de Jesus mostrava-te sua luz
O sacro Evangelho estava em teu coração...
Disseste-lhe então com doce sorriso:
"Meu celeste Guardião atende o teu desejo;
Em breve o verás; dignar-se-á te dizer
Para voares ao céu, Mártir deves ser.
Mas antes de o ver, é preciso que o Batismo
Derrame em tua alma, uma santa alvura;
É preciso que Deus, Ele mesmo, a habite,
E o Espírito Santo dê vida ao teu coração.

O Verbo, do Pai Filho e Filho de Maria,
Em seu imenso amor se imola no altar;
Tu deves sentar-te no Banquete da vida,
Pra Jesus receber, o Pão vivo do céu.
Então o Serafim chamar-te-á de Irmão
E vendo o trono de seu Deus no teu coração
Far-te-á deixar as paragens desta terra;
E serás a morada deste espírito de fogo".
"Já sinto arder meu coração de nova chama",
Exclamou jubiloso o ardente patrício.
"Eu quero que o Senhor, habite em minha alma!
Cecília, meu amor será digno do teu!"

Revestido da veste, emblema de inocência,
Valeriano pôde ver, belo Anjo do céu;
Contemplou encantado o sublime poder
E viu doce brilho de sua fronte sair.
Brilhante Serafim tinha em mãos frescas rosas
E também belos lírios de alvura esplendente...
Nos jardins lá do céu, estas flores se abriram
Sob os raios de amor do Astro-Rei criador.

"Esposos dos céus, estas rosas de martírio
Coroarão vossas frontes – diz o Anjo do Senhor.
Já não há uma voz, ou uma lira também
Capaz de cantar tão imenso favor.
Eu mergulho em meu Deus, vendo todo o encanto,
Mas não posso imolar-me, nem por Ele sofrer.
Meu sangue não posso lhe dar, nem meu pranto
sequer;
Apesar do amor, não saberia morrer.
A pureza do Anjo é a brilhante partilha,
Sua imensa ventura jamais findará;
Mas sobre o Serafim, vós levais a vantagem:
Vós podeis ser puros, como também sofrer.

. . . . . . . . . . . . . . . . . .
Da vossa virgindade o símbolo vereis,
Lírios perfumados que o Cordeiro vos dá;
Vós sereis coroados de branca auréola,
Cantareis para sempre um cântico novo…
Vossa casta união gerará novas almas
Que somente Jesus quererão por esposo;
A brilhar as vereis como as mais puras chamas,
Junto ao trono divino, à morada dos santos."

Cecília, empresta-me tua doce melodia,
Quero a Jesus converter corações!
Como tu, eu quisera doar minha vida,
Meu sangue e lágrimas quisera eu lhe dar…
Obtém-me gozar nesta terra estrangeira
O perfeito abandono, este fruto do amor.
Minha Santa amada, bem longe da terra
Obtém-me que eu voe junto a ti para sempre…

28 de abril de 1894.

# Cântico de Santa Inês

Melodia: *Le Lac* (Niedermeyer).

Cristo é meu amor, é toda a minha vida,
É o único Noivo que encanta meu olhar;
Por isso, já ouço de sua doce harmonia
Os sons melodiosos.

Adornou meus cabelos de pedras preciosas,
Já brilha em meu dedo seu anel nupcial;
Dignou-se cobrir de luminosas estrelas
Meu manto virginal.

Ele pôs em minhas mãos pérolas sem par,
Pôs-me ao pescoço colares valiosos;
Neste dia feliz, brilham em minhas orelhas
Celestes rubis.

Sim, sou a noiva daquele que os Anjos
Servirão, reverentes, por toda a eternidade.
A lua e o sol narram seus louvores,
Admiram sua beleza.

Seu poder é o céu, a natureza é divina,
Por Mãe Ele escolheu uma Virgem na terra;
Seu Pai é vero Deus e o que não tem origem
É espírito puro.

Quando Cristo eu amo ou quando eu o toco,
Meu coração é mais puro e mais casta eu sou.
Da santa virgindade, o beijo de sua boca,
O tesouro me deu.

E sobre a minha face já pôs seu sinal,
Para que outro amante se afaste de mim.
Sustentou meu coração por graça divina
Do meu grande Rei.

De seu sangue precioso, estou purpurada.
Já acredito gozar das delícias do céu,
Pois já posso colher de seus lábios sagrados
O leite e o mel.

Nada temo, por isso, nem ferro nem fogo.
Não, nada pode turbar minha paz inefável;
E o fogo do amor que minha alma consome
Jamais se apagará...

21 de janeiro de 1896.

# Ao Venerável Teofânio Vénard

Melodia: *Les adieux du Martyr.*

Os eleitos todos celebram louvores
A ti, Teofânio, angélico mártir!
Embora eu saiba: nas santas falanges
O Serafim aspira a te servir…
Mas não podendo, em terra estrangeira,
Unir minha voz à voz dos eleitos,
Quero, ao menos, agora exilada,
Tomar a lira e cantar tuas virtudes.

Teu curto exílio foi um doce canto
Com suaves tons de tocar corações.
E a cada instante, tua alma poética
Fez nascer flores para Jesus…
E elevando-te à celeste esfera
Teu canto de adeus é de primavera;
Tu murmuravas: "Eu, pobre efêmero,
Ao belo céu por primeiro eu irei!"

Ditoso Mártir, na hora da dor,
Sentias a alegria de sofrer!
Sofrer por Deus, para ti era um gozo,
Soubeste viver e morrer a sorrir…
Ao teu algoz te apressaste a dizer,

Quando ele quis abreviar teu tormento:
"Quanto mais este martírio durar,
Mais valerá e contente eu serei!"

Lírio virginal, na aurora da vida,
O Rei do céu atendeu teu desejo.
Em ti vejo a flor desabrochada
Que o Senhor colhe para seu prazer...
E agora que já não estás no exílio
Os santos admiram teu esplendor;
Rosa de amor, a imaculada Virgem
De teu perfume respira o frescor...

Soldado de Cristo, dá-me tuas armas;
Por pecadores quisera eu aqui
Lutar, sofrer, doar sangue e pranto.
Protege-me! Vem suster o meu braço,
Quero por eles manter esta guerra,
Tomar de assalto o Reino de Deus.
Pois o Senhor trouxe sobre esta terra
Não a paz, mas a espada e o fogo.

Quero amar esta plaga infiel
Que tu amaste com tanto ardor.
A ela voaria com grande prazer,
Se meu Jesus me chamasse um dia...
Mas a seus olhos, não há mais distâncias;
Um ponto apenas o mundo será!
Minhas ações, meu pequeno sofrer
Fazem amar a Deus até além dos mares.

Ah! se uma flor primaveril eu fosse
Que o Senhor quisesse logo colher!

Desce do céu na minha última hora,
Eu te suplico, ó Mártir feliz!
Do teu amor com chamas virginais
Vem me abrasar nesta mortal morada,
E poderei voar com tuas almas,
    Que formarão teu eterno cortcjo.

2 de fevereiro de 1897.

# A Pastora de Domremy escutando suas Vozes

Excertos.

## Recreações piedosas

Eu, Joana a pastora
Gosto do meu rebanho.
O meu cajado é leve
    E amo o meu fuso.

Eu amo a solidão
Deste belo bosque;
Tenho o doce costume
    De aqui vir em segredo.

Teço aqui uma coroa
De flores belas do campo;
A Maria a ofereço
    Com meus mais doces cantos.

Eu admiro a natureza,
Os pássaros e as flores;
Do riacho que murmura
    As águas eu contemplo.

Os vales, as campinas
Alegram meu olhar;
O cume das montanhas
Aproxima-me do céu.
Às vezes, ouço vozes,
Que vêm me visitar...
Eu creio que são Anjos,
    Que devem me falar.

O espaço eu indago,
Contemplo o céu além;
Não vejo nenhum traço
    De seres misteriosos.

Atravessando a nuvem,
Que os deve ocultar,
Até a praia celeste
    Quem me dera lá voar!

# Santa Catarina e Santa Margarida

Melodia: *L'Ange et l'âme.*

Amável menina, nossa doce companheira,
Tua voz tão pura penetrou até o céu,
O Anjo da Guarda que te acompanha
    Apresentou ao Senhor os votos teus.

Nós descemos de seu celeste império,
Onde nós reinamos por uma eternidade;
Por nossa voz, Deus se digna dizer-te
    A sua vontade.

É preciso partir para salvar a pátria,
Guardar sua fé, conservar-lhe a honra.
O Rei do céu e a Virgem Maria
    Saberão sempre tornar teu braço vencedor.

(Joana chora.)
Consola-te, Joana, enxuga tuas lágrimas,
Presta atenção e olha os céus:
Lá tu verás que sofrer tem encantos,
    Pois cantos harmoniosos tu gozarás.

Este doce refrão fortificará tua alma
Para o combate que logo há de vir;
Joana, precisas de um amor inflamado:
Deves sofrer!

Para a alma pura, na noitc terrena,
A única glória é levar a cruz;
Um dia, no céu, este cetro austero
Será mais belo do que o cetro dos reis.

# São Miguel

Melodia: *Partez, hérauts.*

Eu sou Miguel, o guardião da França,
Grande general no Reino dos Céus;
Até nos infernos exerço o poder
E disso o demônio tem grande inveja.

Outrora também, brilhante de luz,
Satã quis reinar no Santo Lugar.
Mas em meio a trovões lancei
Estas palavras: *"Que é como Deus?"*

No mesmo instante, a divina vingança,
Cavando o abismo, Lúcifer mergulhou nele
Para o anjo orgulhoso, não há clemência,
Merece o inferno.

Sim, foi o orgulho que verteu este anjo,
Fez de Lúcifer um réprobo:
Mais tarde, também o homem buscou lama
Mas de socorro não foi privado.
Foi o Eterno, o Verbo igual ao Pai,
Que revestindo a pobre humanidade
Regenerou sua obra por inteiro
Por sua profunda humildade.

O mesmo Deus se digna salvar a França
Mas não por um grande conquistador.
Ele rejeita o orgulho e sempre prefere
    O frágil braço de criança.

Joana, foi a ti que o céu escolheu,
Deves partir para responder à sua voz;
Deves deixar teus cordeiros, teus campos,
O fresco vale, as campinas e os bosques.
Arma teu braço! Voa e salva a França!
Vai... nada temas, despreza o perigo;
Vai! saberei coroar teu vigor,
    Expulsarás o estrangeiro.

Toma esta espada para usá-la na guerra,
Já que Deus para ti a guardava.
Como estandarte toma a branca bandeira
    E vai buscar o rei...

# Joana sozinha

Melodia: *La plainte du Mousse.*

Só por vós, ó meu Deus, deixarei o meu Pai,
Meus parentes queridos, meu belo campanário.
Por vós vou partir e na guerra lutarei,
Por vós vou deixar meu vale, meu rebanho.
Em lugar de meus cordeiros, uma armada
guiarei...
Eu vos dou minha alegria e meus dezoito anos!
Para agradar-vos, Senhor, manejarei a espada,
Em vez de divertir-me com a bela flor do campo
Minha voz, que se misturava ao som da brisa,
Em breve, deverá ressoar até o meio do combate;
Em vez do som sonhador de um sino hesitante,
Ouvirei o ruído forte de um povo em luta!
Eu desejo a cruz!... E amo o sacrifício:
Ah! dignai-vos chamar-me, estou pronta a sofrer.
Sofrer por vosso amor é uma delícia, ó Mestre!
Jesus, meu Amado, por vós quero morrer!...

## São Miguel

Melodia: *Les Rameaux* (De Faure).

É tempo, Joana, tu deves partir.
É o Senhor que te arma para a guerra;
Filha de Deus, não temas morrer
  Em breve virá a luz eternal!

### Santa Margarida

Amada menina, tu hás de reinar.

### Santa Catarina

Do Cordeiro seguindo o traço virginal.

### As duas Santas juntas

Como nós tu cantarás
  Do Deus Altíssimo, o poder real.

### São Miguel

Joana, teu nome está escrito nos céus.
Com os nomes dos salvadores de França;
Tu brilharás com um fulgor radiante,
  Com a magnificência de uma rainha.

## As Santas oferecem à Joana a palma e a coroa

Com alegria contemplamos
O esplendor que em tua fronte brilha,
    E do céu te trazemos:

### Santa Catarina

    A palma do martírio,

### Santa Margarida

    E a coroa da glória.

### São Miguel, apresentando a espada

Combater é preciso, antes de ver vencedor,
Não é hora da palma, nem da coroa!
Mereça-as ambas nos campos da honra;
    Não ouves, Joana, o canhão que ressoa?

### As Santas juntas

Nos combates, te seguiremos,
Sempre te faremos alcançar a vitória
E, em breve, nós poremos
    Em tua fronte um diadema de glória.

### Joana sozinha

Convosco, Santas amadas,
Não temerei o perigo;
Pedirei ao Deus dos exércitos

E expulsarei o inimigo.
Amo a França, minha pátria:
Quero conservar-lhe a fé,
Por ela darei minha vida
E lutarei por meu rei.
Não, não temo morrer,
É a eternidade que espero.
Agora que devo partir,
Consolai, ó Deus, minha mãe...
    Abençoai-me, ó São Miguel!

## São Miguel

Já ouço os santos todos do céu
Cantar alegres ouvindo a lira
Do Papa-Rei, Pontífice imortal
    Chamando Joana uma santa Mártir.

Ouço o mundo inteiro proclamar
As virtudes da filha humilde e pia.
E vejo o Senhor confirmar o nome
    De Joana a Bem-aventurada.

Nos grandes dias a França sofrerá,
A impiedade manchará seu solo;
Mas de Joana a glória brilhará,
    Toda alma pura invocará a Santa.

Muitas vozes subirão até o céu,
Cantando, em coro, vibrando esperança:
Joana d'Arc ouve nossas preces;
    E pela segunda vez, salva a França!

1894.

# Hino de Joana d'Arc após suas vitórias

Melodia: *Les regrets de Mignon.*

A Vós toda a honra e a glória,
Ó meu Deus, Senhor onipotente!
Vós me destes a grande vitória
A mim, fraca e tímida menina.
E vós, ó minha Mãe divina,
Belo astro sempre esplendoroso,
Para mim tendes sido minha luz,
Protegendo-me nos altos Céus!
Desta vossa radiante brancura,
Ó doce e luminosa estrela,
Quando verei, então, o esplendor?
Quando estarei sob o vosso véu,
    Repousando em vosso coração?...

Minha alma no exílio da terra
Aspira a felicidade eterna;
Nada saberá satisfazê-la...
A não ser seu Deus que está no céu.
Antes, porém, de vê-lo sem sombra
Eu quero combater por Jesus,
Ganhar-lhe almas sem conta,
Quero amá-lo sempre mais.

O exílio passará como um dia,
Logo, à celeste paragem
Eu voarei sem nunca voltar;
Logo, sem a sombra, sem nuvem,
    Eu verei Jesus, meu amor!

# Oração de Joana d'Arc na prisão

Melodia: *La plainte du Mousse.*

Minhas vozes predisseram: eis-me aqui
prisioneira;
Não espero outro socorro, senão de Vós,
ó meu Deus!
Por vosso único amor, abandonei meu velho Pai,
Meus campos floridos e meu céu sempre azul;
Deixei meu vale e minha muito amada Mãe,
E mostrando aos teus guerreiros o estandarte
da cruz
Senhor, em vosso nome, comandei o exército:
Os maiores generais escutaram minha voz.

Uma escura prisão, eis minha recompensa.
Preço dos trabalhos, do meu sangue e do
meu pranto!...
Jamais reverei o lugar de minha infância,
Meus prados ridentes e a multidão de flores...
Eu não mais reverei a montanha distante
Cujo cume nevoso se lança no azul.
Não mais ouvirei do sino hesitante
O som doce e de sonho ecoando no ar...

Em minha sombria prisão, busco em vão
a estrela
Que cintila de noite no firmamento tão belo!
Busco a verde folhagem que me servia de véu
Quando eu adormecia, guardando o
meu rebanho.
Aqui, quando eu dormito, no meio de tantas
lágrimas,
Eu sonho os perfumes e o frescor da manhã;
Eu sonho meu vale e os bosques encantados
Mas o ruído das cadeias me desperta
a seguir...

Senhor, por vosso amor aceito o martírio,
Não temo a morte, nem fogo também.
Por vós, ó Jesus, a minha alma suspira;
Meu único anseio sois vós, ó meu Deus!
Quero tomar a cruz, seguir-vos, Senhor,
Morrer por vosso amor e nada mais querer.
Desejo morrer para começar a viver,
Desejo morrer para me unir a Jesus.

1894.

# As Vozes de Joana durante o martírio

Melodia: *Au sein de l'heureuse patrie.*

Todas descemos das regiões eternas
Para sorrir-te e elevar-te aos Céus;
Em nossas mãos, vê a coroa imortal
    Que brilhará em tua fronte gloriosa...

Vem conosco, Virgem querida,
Vem ao nosso belo céu azul;
Deixa o exílio pela pátria
Vem gozar da vida
    Filha de Deus!

Desta figueira a chama está acesa,
Mais ardente é o amor de Deus;
Logo por ti o eterno orvalho
    Vem substituir do fogo o ardor.

Eis, enfim, a libertação,
Vê, o anjo libertador...
Já agita-se a palma,
Para ti Jesus avança,
    Filha de grande coração!

Virgem mártir, um pequeno sofrimento
Conduzir-te vai ao repouso eterno.
Não chores, tua morte salva a França;
    Aos seus filhos deves abrir o céu.

Joana expirando.
Eu entro na eterna vida!
Vejo os Anos, os eleitos…
Morro pra salvar a pátria!
Vinde, Virgem Maria;
    Jesus… Jesus!…

# O julgamento divino

MELODIA: *MIGNON REGRETTANT SA PATRIE.*

Eu te respondo do alto, já que tua voz me chama;
E quebro o laço que me acorrenta nestes lugares.
Oh! vem voar até mim, minha pomba toda bela,
Vem... o inverno passou; vem reinar nos céus!
Joana, teu Anjo te chama,
E eu, o juiz de tua alma,
Sempre em ti, assim proclamo,
    Vi brilhar do amor a chama.

Oh! vem, tu serás coroada,
Teu pranto eu quero enxugar.
Do exílio a sombra é passada
    Meu beijo eu quero te dar!

Com tuas companheiras,
Vem para as montanhas;
E por entre os campos
    Seguirás o Cordeiro.

Ó minha amada,
Eu te chamei;
Canta transformada,
    Este novo refrão.

De todos os Anjos
As brancas falanges
Cantam louvores
    Junto ao Eterno.

Tímida pastora,
Valente guerreira,
Teu nome na terra
Deve ser imortal.
Tímida pastora,
Valente guerreira
    Dou-te o céu!...

# O cântico do triunfo

Melodia: *Oui, je le crois, elle est immaculée.*

## Os Santos

Sim, é tua a coroa imortal;
Mártir do Senhor, esta palma é tua.
Nós te preparamos este trono admirável,
    Perto do Rei.

Oh! Fica no céu, Joana, pomba pura,
Livre para sempre da rede dos caçadores.
Aqui encontrarás o riacho que murmura,
    Os largos espaços de campos em flor.

Alça teu voo, abre as brancas asas,
Poderás voar em cada estrela de ouro…
Poderás visitar as abóbodas eternas
    Alça teu voo!

Joana, não há inimigos, nem prisão escura,
O brilhante Serafim chamar-te-á sua irmã.
Esposa de Jesus, teu Amado te assegura
    O eterno repouso sobre seu Coração!

Joana

Ele é meu... que doçura extrema!
O céu é todo meu!

Os Santos

O céu é todo teu!

Joana

Os anjos e os santos, Maria,
O próprio Deus, todos são meus!
. . . . . . . . . .

Os Santos

Os séculos passaram sobre a terra distante,
Desde o feliz momento em que voaste ao céu.
Mil anos são um dia na celeste planície
Esse dia, porém, deve ser eterno!

Joana

Dia eterno, sem sombra e sem nuvem,
Ninguém me tomará teu brilho imortal.
Do mundo a figura fugaz passou...
O céu é meu!

Os Santos

O céu é teu!

# Oração da França à Venerável Joana d'Arc

Melodia: *Rappell-toi.*

Lembra-te, Joana, de tua pátria!
Teus vales totalmente esmaltados em flor!
Lembra-te do prado tão ridente
Que deixaste para enxugar o meu pranto.
Lembra, Joana, que a França salvaste.
Como anjo do céu curaste meu sofrer.
Escuta na noite
A França que geme
Lembra-te!

Lembra-te das tuas brilhantes vitórias,
Dos dias benditos de Reims e Orleans;
Lembra-te que tu de glória cobriste,
Em nome de Deus, o reino dos Francos.
Agora, longe de ti, eu sofro e suspiro.
Vem ainda salvar-me, doce mártir Joana!
Vem quebrar-me as cadeias
Dos males que sofri,
Lembra-te!

Eu venho a ti carregando os grilhões,
O rosto velado, os olhos no pranto;

Já não sou mais do que as outras rainhas
E meus filhos todos me enchem de dor!
Esqueceram seu Deus! Deixaram a Mãe!
Tem piedade, Joana, da minha tristeza!
Vem, "filha ao grande coração".
Anjo libertador,
    Eu espero em ti!

1894.

# Cântico para obter a canonização da Venerável Joana d'Arc

Melodia: *Pitié, meu Dieu.*

Ó Deus vencedor! A Igreja inteira
Quereria em breve honrar sobre o altar
A virgem guerreira e mártir também
Seu doce nome ressoa no céu.

Por teu poder,
Ó Rei do céu
Dá à Joana de França
A auréola e o altar!

Conquistador para a França culpada,
Não, não é o objeto de seu desejo;
Só a Joana é capaz de salvá-la.
Os heróis todos pesam menos do que um Mártir!

Joana, Senhor, é tua esplêndida obra.
Coração de fogo e alma de guerreiro,
Tu os deste à tímida virgem,
Coroando-a de lírios e de louros.

Nos prados humildes Joana ouviu,
Vozes do céu chamando-a ao combate;
Partindo, então, pra salvar sua pátria,
    Só seu aspecto abalou os soldados.

Ganhou as almas de briosos guerreiros:
O brilho santo deste anjo dos Céus.
Seu puro olhar, as palavras de fogo
    Souberam dobrar as frontes audazes.

Por prodígio único na história,
Viu-se, então, um monarca hesitante
Reconquistar a coroa e a glória
    Por meio do frágil braço infantil.

Não são de Joana quaisquer vitórias
Que neste dia queremos honrar;
Vamos chamar de verdadeiras glórias:
    O martírio, a pureza e seu amor.

Pelo combate, ela a França salvou,
Faltava ainda às suas grandes virtudes
O selo divino do amargo sofrer,
    Paga bendita do Esposo, Jesus.

Sobre a fogueira, entregando sua vida,
Joana ouviu esta voz que a chamava
A deixar este exílio por sua pátria.
    E o anjo salvador ao céu voltava!...

Filha, tu és nossa doce esperança;
Do céu queiras tu ouvir nossa voz;

Desce até nós; vem converter a França,
Vem salvá-la pela segunda vez.

Pelo poder
Do Deus vencedor,
Salva, salva a França,
Anjo libertador!

Expulsando os ingleses pra fora da França,
Filha de Deus, como eram belos os teus passos!
Mas lembra-te que nos dias de tua infância,
Somente guardavas os pequenos cordeiros...

Toma a defesa
Dos impotentes
Conserva a inocência
No coração das crianças.

Doce Mártir, são teus nossos mosteiros
Tu sabes: as Virgens são tuas irmãs;
E, como tu, querem com suas preces
Ver o seu Deus reinar nos corações.

Salvar as almas
É seu desejo,
Ah! dá-lhes teu fogo
De Apóstolo e Mártir!

Longe de nós será o medo banido,
Quando virmos a Igreja coroar

A fronte pura de Joana, a santa;
E nós então poderemos cantar:

Nossa esperança
Repousa em vós.
*Santa Joana de França,*
Roga, roga por nós!

8 de maio de 1894.

# História de uma pastora que se tornou rainha

A uma jovem Irmã conversa, de nome Melânia Maria Madalena, para o dia de sua Profissão.

Neste belo dia, ó Madalena,
Vimos cantar junto a vós
O maravilhoso e doce laço
Que ao Esposo vos uniu.
Ouvi a encantadora história
De uma pastora que um grande Rei
Quis um dia cumular de glória
E que à sua voz respondeu:

## Refrão

Cantemos a pastora,
Pobre sobre a terra,
Que o Rei do céu
Desposa hoje no Carmelo.

Uma pequena pastorinha,
Fiando, guardava os cordeiros.
Ela admirava cada florzinha
E ouvia o canto dos pássaros;

Compreendendo a doce linguagem
Dos bosques e do belo céu azul,
Tudo para ela era a imagem
  Que lhe revelava o bom Deus.

Ela amava Jesus e Maria
Com um ardor muito grande
Também eles amavam Melânia
E vieram falar-lhe ao coração.
"Queres – dizia-lhe a doce Rainha –
Junto a mim sobre o Monte Carmelo,
Queres tu ser Madalena,
  E ganhar somente o céu?

Menina, deixa estes prados,
Não lamentes mais teu rebanho;
Lá sobre a santa montanha
Jesus será teu Cordeiro.
"Oh, vem tua alma encantou-me"
Dizia Jesus, por sua vez;
"Eu te tomo por minha esposa,
  Serás minha tu para sempre".

Mui feliz a humilde pastora
Respondeu ao doce apelo,
Seguindo a Virgem, sua Mãe,
Chegou ao cume do Carmelo

. . . . . . . . . . . . . .
Sois vós, Madaleninha
Que hoje nós festejamos.
A pastora é agora rainha
  Junto ao Rei, Jesus, seu Amor!

Vós sabeis, Irmã mui querida,
Servir a Deus, é reinar.
Em sua vida, o doce Salvador
Não cessou de no-lo ensinar:
"*Se nesta pátria celeste*
*O primeiro quiserdes ser.*
*É preciso então nesta vida*
*Esconder-se e o último ser*".

Sois feliz, ó Madalena,
De vosso lugar no Carmelo!
Vos trará alguma pena
Estando próxima do céu?
Imitais Marta e Maria:
Rezar, servir o Senhor,
Eis o fim de vossa vida;
Ele vos dará felicidade.

Se, às vezes, o sofrimento amargo
Vier visitar vosso coração,
Fazei disso o vosso gozo;
Sofrer por Deus… Que doçura!
Então a ternura divina
Vos fará logo esquecer
Que andais por sobre espinhos,
E crereis antes voar…

Hoje o Anjo vos inveja,
Gozar quisera a ventura
Que vós possuís, ó Maria,
Sendo esposa do Senhor!
Logo nas santas falanges,
Entre os Tronos e as Virtudes

Vós direis alto os louvores
Do Esposo, o Rei Jesus.

Logo, logo a pastora
Pobre sobre a terra
Voando para o céu,
Reinará junto ao Eterno!

20 de novembro de 1894.

# O Divino Pequeno Mendigo do Natal

Recreação piedosa.

Um anjo aparece trazendo o Menino Jesus nos braços e canta o que segue:

Melodia: Sancta Maria - *J'ai vu les serafins en songe* (Faure).

Em nome daquele a quem adoro,
Minhas irmãs, venho estender-vos a mão,
E cantar para o Menino divino,
Pois Ele ainda não sabe falar!
Para Jesus, o exilado do céu,
Neste mundo, eu só encontrei
Uma profunda indiferença;
Por isso, eu venho ao Carmelo.

Sempre, sempre,
Vossos carinhos
Louvores, ternuras
Sejam do Menino!

Ardei de amor, almas encantadas!
Por vós um Deus se fez mortal!
Mistério tocante!
Quem vos mendiga
É o Verbo eterno!

Minhas irmãs, aproximai-vos sem medo:
Vinde, cada qual por sua vez;
Oferecendo a Jesus vosso amor;
Sabereis sua santa vontade.
Eu vos direi o desejo
Do Menino envolto em panos,
A vós, puras como os anjos,
Que, contudo, podeis sofrer!

Sempre, sempre
Vossos sofrimentos,
E também alegrias
Sejam do Menino.

Ardei de amor, almas encantadas!
Por vós, um Deus se fez mortal.
Mistério tocante!
Quem vos mendiga
É o Verbo eterno!

*As estrofes seguintes são cantadas com a música do Natal (de Holmes).*

## Um trono de ouro

De Jesus, vosso único tesouro,
Escutai o amável desejo:
Ele pede um *trono de ouro*,
Não encontrado na estrebaria.
Como o pecador é o estábulo
Onde Jesus nada vê
Que possa seu coração alegrar
E onde jamais vai repousar...

Salva, minha Irmã,
A alma do pecador!
Por este *trono*, Jesus suspira.
Mais ainda, porém,
Para seu *trono de ouro*,
É ao vosso coração que Ele aspira.

## Leite

Aquele que nutre os eleitos
Com sua santa e divina Essência,
Por vós, Menino Jesus se fez
E pede a vossa assistência!
No céu sua ventura é perfeita;
Mas na terra pobre Ele é...
Dai, minha irmã,
Um pouco de leite
A Jesus vosso irmão pequenino!
Ele vos sorri,
Baixinho repete:
É a simplicidade que eu amo.

Natal! Natal!
Desço do céu;
    És tu mesmo, meu *leite de amor*.

## Passarinhos

Minha irmã, quereis saber
O que deseja o Menino Jesus;
Pois bem, esta noite vos direi
Como o fareis sorrir:
Pegai *lindos passarinhos*,
Fazei-os voar ao estábulo.
São a imagem das crianças
Que o Verbo adorável ama
Com seus cantos suaves
E seu belo trinar,
O seu rosto infantil se alegra.
Orai por eles,
Que um dia no céu
    Formarão vossa bela coroa.

## Uma estrela

Às vezes, quando o céu é escuro
E coberto de uma nuvem sombria,
Jesus fica triste à noite,
Por estar na sombra, sem luz
Para alegrar o Menino Jesus,
Como *estrela cintilante*,
Brilhai em todas as virtudes,
Sede uma luz radiante!
Que vossas centelhas,
Guiando-os ao céu,
Dos pecadores rasguem o véu!

O Menino divino,
O Astro da manhã,
    Vos escolheu por *estrela*!

## Uma lira

Ouvi, minha irmãzinha,
O que deseja o Menino Jesus:
Ele vos pede o *coração*
Como sua *melodiosa lira*!
Ele tinha no seu belo céu,
A harmonia e o incenso dos Anjos;
Mas quer que, no Carmelo,
Como eles, canteis seus louvores
Amável Irmã
É do vosso coração
Que Jesus quer a melodia…
De noite e de dia,
Em cantos de amor
    Vai consumir vossa vida.

## Rosas

Vossa alma é um lírio perfumado
Que encanta Jesus e sua Mãe;
Escutai o vosso Amado
Dizer baixinho com mistério:
Ah, se eu amo a brancura
Dos lírios, símbolo da inocência,
Também amo a viva cor
Das *rosas da penitência*.
Quando teu pranto
Orvalha corações
Que grande alegria tu me causas,

Pois poderei,
Enquanto quiser
Colher *rosas* a mancheias!

## Um vale

Como, por um raio de sol,
A natureza se embeleza,
Pois doura com seu fogo vermelho
Tanto o vale, como o prado:
Assim Jesus, Sol divino,
De nada se aproxima sem dourar.
Resplandece em sua manhã,
Mais que uma brilhante aurora.
No seu despertar,
O divino Sol
Espalha em vossa alma exilada,
Com seus dons,
Seus quentes raios.
E sereis o seu vale radiante!...

## Ceifeiros

Lá longe, em outros horizontes,
Apesar da geada e da neve
Amadurecem já as colheitas
Que o divino Menino protege.
Mas ai, que para ceifá-las
São necessárias almas ardentes
*Ceifeiros* que queiram sofrer,
Se lancem ao ferro e às chamas.
Natal! Natal!
Eu venho ao Carmelo,
Sabendo que meus desejos são vossos.

Ao doce Salvador
Gerai, minha irmã,
    Grande número de *almas de apóstolos*...

## Um cacho de uva

Quisera um fruto saboroso,
Um *cacho* todo dourado,
Para refrescar do Rei dos céus
Os lábios muito sedentos.
Minha irmã, quão doce é vossa sorte!
Sois este cacho escolhido;
Com força, Jesus vos espremerá
Em sua mãozinha querida;
Nesta noite
É muito pequeno
Para comer este cacho Ele mesmo;
O mosto açucarado,
Por Ele dourado,
    Eis simplesmente o que Ele ama!

## Uma pequena hóstia

Jesus, o belo Menino,
Para dar-vos sua vida
Cada manhã se transforma
Numa hóstia branca e pequena;
Com muito mais amor ainda,
Quer nele vos transformar.
Vosso coração é seu tesouro,
Sua ventura e suprema alegria.
Natal! Natal!
Eu desço do céu
Para dizer à vossa alma encantada:

Que o manso Cordeiro
A vós há de vir;
    Sede então sua *pura e branca hóstia*!

*A estrofes seguintes são cantadas com a melodia:*
Au Rossignol (Gounod).

## Um sorriso

O mundo desconhece os encantos
De Jesus vosso amável Esposo,
E eu vejo pequenas lágrimas
Cintilar em seus olhos tão doces.
Consolai, ó querida irmã,
O Menino que estende seus braços;
Para alegrá-lo eu vos peço
Sempre sorrir nesta terra!
Vede... seu olhar parece dizer:
Quando sorris às irmãs,
Minha esposa, o teu sorriso
    Basta para enxugar o meu pranto!

## Um brinquedo

Quereis ser nesta terra
O *brinquedo* do Menino divino?
Quereis, minha Irmã, lhe agradar?
Ficai em sua mão pequenina.
Se o amável Menino vos acarinha
Se vos aperta ao seu Coração,
Ou se, às vezes, vos deixa de lado,
De tudo, fazei vossa alegria!
Buscai sempre seus doces caprichos

Para encantar seus olhos divinos.
Doravante, todas as vossas delícias
Serão seus desejos infantis.

## Um travesseiro

No presépio onde Jesus repousa,
Muitas vezes, o vejo acordar.
Quereis disso saber o motivo?
Não tem um só travesseiro…
Eu o sei: vossa alma só aspira
Consolá-lo noite e dia;
Pois bem! o *travesseiro* que Ele deseja,
É vosso coração ardendo de amor
Ah, sede sempre humilde e doce,
E o mais amado Tesouro
Poderá vos dizer: Minha esposa,
Em ti docemente adormeço!…

## Uma flor

A terra está coberta de neve,
Por toda parte: o frio e a geada.
O inverno e seu triste cortejo
Murcharam as flores por cá.
Mas desabrochou para vós
A *flor formosa dos campos*.
Que vem da pátria mais santa
Onde reina a eternal primavera.
Minha irmã, escondei-vos na relva,
Perto da rosa do belo Natal,
E assim sede *a florzinha mimosa*,
Do vosso Esposo, o Rei lá do céu.

## Pão

Cada dia em vossa oração,
Falando ao Autor deste bem,
Repetis: Ó nosso Pai do céu!
Dai-nos o pão quotidiano.
Este Deus que se fez vosso Irmão,
Como vós padece de fome.
Escutai sua prece humilde
Que vos pede *um pouco de pão*!…
Minha Irmã, ficai bem certa:
Jesus só quer vosso amor,
Ele se nutre da alma pura;
Eis seu *pão de cada dia*.

## Um espelho

A criança quer sempre ser posta
À frente de um espelho fiel,
Então sorri com toda a graça,
Ao pequeno que julga ver.
Ah, vinde ao pobre estábulo.
Vossa alma é um cristal brilhante;
Refleti o Verbo adorável,
Os encantos do Deus infante…
Sim, sede esta imagem viva,
O espelho puro do vosso Esposo;
De sua Face o brilho divino
Ele quer em vós contemplar.

## Um palácio

Os grandes e os nobres da terra
Têm palácios suntuosos.
Casebres são, ao contrário,
Os abrigos dos pobrezinhos.
Assim podeis ver no estábulo
O pobrezinho do Natal:
Ele cobre sua glória inefável
Deixando o palácio do céu.
A pobreza, vosso coração a ama,
Nela encontrareis a paz;
É também o vosso coração
    Que Jesus *seu palácio* faz!

## Uma coroa de lírios

Os maus coroam de espinhos
A amada cabeça de Jesus.
Admirai as graças divinas
Que a terra já não reconhece!
Oh, que vossa alma virginal
As dores lhe faça esquecer,
E como *coroa real*,
Dai-lhe as virgens, vossas irmãs.
Aproximai-vos do seu trono…
Para encantar-lhe os olhos vivos,
Vinde tecer-lhe bela coroa:
    Feita dos *lírios mais brilhantes*!

*As estrofes seguintes são cantadas com a melodia do* Viandante (Massenet).

## Bombons

Minha irmã, os pequeninos
Gostam muito de bombons;
Enchei logo bem depressa
De Jesus a branca mão.
A este dom o bom Menino
    Vos convida com o olhar.

Os docinhos do Carmelo
Que encantam o Rei do céu,
São os vossos sacrifícios.
Minha Irmã, a austeridade
É vossa imensa pobreza
    Que encanta o bom Jesus.

## Uma carícia

A vós, o pequeno Jesus
Pede apenas uma coisa:
Um ternissimo *carinho*.
Dai-lhe todo o vosso amor;
E tereis depois em troca
    A caridade que o incita.

Se alguma das irmãs
Viesse lágrimas verter,
Bem depressa, com ternura,
Pedi ao Menino Deus
Que com sua mão pequena,
    Docemente a acarinhe.

## Um berço

Poucos corações na terra
Não querem ter consolos
De Jesus, o Rei da glória.
Mas, se começa a dormir,
Eles deixam de o servir,
    Já não querem nele crer.

Se soubésseis que prazer
Sente o Menino em dormir,
Sem temer ser acordado;
Como *berço* serviríeis
A Jesus, doce Cordeiro,
    Sorrindo enquanto dorme!

## Roupinhas

Vede que o amável Menino,
Com seu dedinho encantador,
Quer mostrar-vos a palha seca.
Ah, compreendei seu amor,
E guarnecei neste dia
    O pobre berço de *roupinhas*.

Desculpando vossas irmãs,
Alcançareis os favores
De Jesus, o Rei dos Anjos;
É a ardente caridade,
A amável simplicidade
    Que Ele pede por *roupinhas*.

## Fogo

Minha Irmã, o pequeno Jesus,
Doce lareira dos santos,
Treme de frio no estábulo...
Mas, no belo céu azul
Anjos, fogos flamejantes,
    Servem o Verbo adorável!

Porém, na terra sois vós
A *lareira* do Esposo...
Ele vos pede *centelhas*...
Deveis, então, minha irmã
Aquecer o Salvador,
    Abrasar as almas todas!

## Um bolo

Vós sabeis: toda criança
Prefere um lindo bolo
À glória de um império.
Dai, então, ao Rei do céu
Grande *bolo delicioso*
    E o vereis sempre a sorrir.

Sabeis bem, do Rei dos reis,
Qual é o bolo preferido?
É a pronta obediência!
Vosso Esposo encantareis
Quando a Ele obedeceis
    Como Ele, em sua infância.

## Mel

Da manhã aos claros raios,
Faz sua rica colheita
A laboriosa abelhinha,
Voando de flor em flor,
Visitando com alegria
As corolas que desperta.

Então, colhei o amor
E voltai todos os dias
Junto ao presépio sagrado,
Oferecendo ao Salvador
O mel do vosso fervor,
Ó abelhinha dourada!

## Um cordeiro

Para o Cordeiro encantar,
Não guardeis mais o rebanho;
E deixando as coisas todas
Pensai só como agradá-lo,
Desejai sempre servi-lo,
Pelo tempo que repousa.

Minha Irmã, já desde hoje,
Abandonai-vos a Ele,
E juntos vós dormireis...
E Maria indo ao berço
Verá junto ao seu Cordeiro
*Um cordeiro* semelhante.

*Tomando novamente o Menino Jesus nos braços,*
*o Anjo canta o que segue:*

MELODIA: "AINSI SOIT-IL" *CHAQUE MATIN DANS SA PRIÈRE*... (RUPÈS).

O divino Menino agradece;
Encantado está com vossos dons.
E também, no seu Livro da vida
Ele os anota com vossos nomes.

Jesus encontrou seu prazer
Aqui neste Carmelo;
E pra pagar os sacrifícios
Tem o seu céu tão belo!

Se vós fordes sempre fiéis
Em contentar este Tesouro,
Seu amor vos dará asas
Para um voo bem mais alto!

Um dia na santa pátria,
Depois do exílio,
Vós vereis Jesus e Maria:
*Assim seja!*

Natal de 1895.

# Os Anjos no Presépio

Recreação piedosa.
O Anjo do Menino Jesus.
(Papel representado por Ir. Teresa.)
Melodia: *Tombé du nid.*

Ó Verbo de Deus! Glória do Pai!
Eu te contemplo no céu,
Agora eu vejo na terra
O Altíssimo feito mortal!
Menino, cuja luz inunda
Os Anjos da brilhante morada,
Jesus, Tu vens salvar o mundo,
Quem vai compreender teu amor?

Ó Deus envolto em panos,
Tu encantas os Anjos!
Verbo feito Menino,
Tremendo a ti me inclino.

Quem então compreenderá o mistério:
Um Deus que se fez criancinha?
Ele vem exilar-se na terra,
Ele, o Eterno… o Onipotente!
Divino Jesus, Beleza suprema,

Quero responder ao teu amor:
Para provar como te amo,
    Dia e noite por ti velarei.

O brilho de teus panos
Atrai todos os Anjos;
Verbo feito Menino,
Tremendo a ti me inclino.

Desde que o vale de lágrimas
Possui o Rei dos eleitos,
Pra mim, os Céus são sem encantos,
E eu voei para ti, meu Jesus!
Cobrir-te quero com minhas asas,
Seguir-te para sempre na terra;
E todas as mais belas flores,
    Hei de semear sob teus passos.

Quero com uma estrela brilhante
Formar-te um berço, ó divo infante;
E com esta neve fascinante
Tecer-te um gracioso cortinado.
Das longínquas montanhas eu quero
Abaixar para ti as alturas;
Eu quero que para ti os campos
    Produzam muitas flores celestes.

A flor é um sorriso de Deus.
É o eco longínquo do céu,
E o som fugitivo da lira,
Que o Eterno sustenta na mão.
Esta nota harmoniosa

Da bondade do Criador
Quer com sua voz misteriosa
    Glorificar o Deus Salvador.

        Doce melodia,
        Suave harmonia,
        Silêncio de flores,
    Vós cantais as grandezas de um Deus.

Eu sei que tuas caras amigas,
Jesus, são as *vívidas flores*…
Tu que vens dos prados celestes
Para buscar almas, irmãs.
Uma alma é a flor perfumada,
Menino, que Tu queres colher;
Semeou-a tua mão pequenina
    E por ela Tu queres morrer!

        Mistério inefável!
        O Verbo adorável
        Derramará o pranto
    Colhendo seu feixe de flores!

# O Anjo da Santa Face

Melodia: *L'encens divin.*

Divino Jesus, na manhã de tua vida,
Teu rosto formoso é banhado de pranto!
Lágrimas de amor sobre a Face bendita,
Havereis de rolar até a noite das dores...

Face divina,
Sim, tua beleza
Pelo Anjo apaga
O celeste esplendor!

Eu reconheço, de teu rosto divino,
Os encantos, no véu ensanguentado;
Reconheço, Jesus, na tua imagem
O puro fulgor de tua Face infantil.

Divino Jesus, o sofrer te é caro;
Teu doce olhar penetra o futuro:
Já queres beber o cálice amargo;
Em teu amor, também sonhas morrer!

Sonho inefável!
Criança de um dia,
Ó face adorável,
Me abrasas de amor!

# O Anjo da Ressurreição

Melodia: *Noël! Noël! laeta voce Noël!*

Não chores, Anjo do Deus Salvador,
Venho do céu teu coração consolar.
    Este frágil Menino
    Um dia potente será;
    Ressuscitará,
    Para sempre reinará.

Ó Deus oculto na aparência de Menino,
    Eu te vejo esplendente,
    E já triunfante!

Levantarei a pedra de teu túmulo
E contemplando teu rosto tão belo
    Eu cantarei
    E me alegrarei,
    Vendo-te com meus olhos,
    Ressuscitar glorioso!

Vejo brilhar com divino fulgor
Teus olhos, Menino, molhados de dor.
    Verbo de Deus
    Tua palavra de fogo
    Deve soar um dia
    Ardente de amor!

# O Anjo da Eucaristia

Melodia: *Par les chants les plus magnifiques.*

Contempla, Anjo, meu irmão,
Nosso Rei que sobe até o céu;
Eu sobre a terra descerei
Para adorá-lo no altar.
Oculto na Eucaristia,
Reconheço o Onipotente,
Nele vejo o Mestre da vida
    Muito menor que uma criança.

De hoje em diante no seu Santuário
Minha morada eu quero fixar;
Oferecendo a Deus minha prece,
E o hino de meu ardente amor.
Em minha lira melodiosa
Cantarei o Deus Salvador.
E o Maná mais delicioso,
    Que nutre a alma do pecador,

Possa eu por um milagre
Também nutrir-me desse Pão!
Enfim, possa eu no Tabernáculo
Participar do Sangue divino!
Oh! ao menos à alma santa
Quero comunicar meu ardor,
Para que sem medo algum
    Se aproxime do Rei dos Céus.

# O Anjo do Juízo final

Melodia: *Noël* (d'Adam).

Em breve, virá o dia da vingança,
Este mundo impuro passará pelo fogo!
Os mortais todos ouvirão a sentença
Que sairá da boca de Deus.
Nós o veremos no brilho da glória,
Não mais oculto em frágil criança,
Mas lá estaremos a cantar-lhe a vitória,
    E proclamar que Ele é onipotente!

Brilharão com esplendor inefável,
Olhos de pranto e de sangue velados.
E nós veremos sua Face adorável,
No esplendor e no imenso fulgor!
Sobre as nuvens veremos surgir
Jesus, trazendo o cetro da cruz;
Então, o ímpio há de reconhecer
    O Rei... o Juiz... no clamor de sua voz!

Vós tremereis, habitantes da terra;
Vós tremereis no último dia!
Já não podereis suportar a cólera
Deste Menino, hoje, Deus de Amor.
Para vós, mortais, escolheu o sofrer,
Pedindo-vos só o fraco coração.
No julgamento, vós vereis seu poder,
    E tremereis ante o Deus vingador.

# Todos os Anjos, exceto o Anjo do Juízo final

Melodia: *O Coeur de notre aimable Mère.*

Ó digna-te escutar a oração
De teus Anjos, divino Jesus!
Tu que vens resgatar nossa terra,
   Toma a defesa também dos eleitos.

Com tua mão, ah, quebra esta espada,
Acalma todo o furor deste Anjo…
Menino, que tua voz se levante
   E o humilde coração vem salvar.

# O Menino Jesus

Melodia: *Petit oiseau, dis, où vas-tu?*

Consolai-vos, Anjos fiéis,
Só vós, pela primeira vez,
Longe das colinas eternas,
    Do Verbo escutareis a voz.

Eu vos amo, ó puras chamas!
Anjos da morada celeste.
Mas, como vós, eu amo as almas,
    Eu as amo com grande amor.

Tenho-as feito para mim mesmo,
Fiz seus infinitos desejos.
A menor alma que me ama
    Para mim se torna paraíso.

*O Anjo do Menino Jesus pede-lhe para colher na terra uma grande quantidade de almas inocentes, antes que elas sejam manchadas pelo sopro impuro do pecado.*

## Resposta do Menino Jesus

Belo Anjo de minha infância!
Ouvirei teus votos ardentes:

Saberei guardar a inocência
    Na alma das pequenas crianças.

Apanhá-los-ei desde a aurora
Lindos botões, de frescor cheios;
No céu tu os verás se abrir
    Aos raios do meu Coração.

A bela corola de prata,
Mais brilhante do que mil fogos
Há de formar a via láctea
    No azul estrelado do céu.

Por coroa quero ter lírios,
Jesus, belo Lírio dos campos,
Para formar meu trono eu quero,
    Um ramo de lírios brilhantes.

*O Anjo da Santa Face pede o perdão dos pecadores.*

## Resposta do Menino Jesus

Tu, que contemplas minha Face
Num deslumbramento de amor,
E para guardar minha imagem,
    Deixaste a celeste morada.

Eu quero atender tua prece:
Cada alma terá seu perdão.
De muita luz a encherei,
    Desde que invoque meu nome!

Ó tu que quiseste na terra
Honrar minha cruz, minha dor;
Belo Anjo, escuta o mistério:
    Toda alma que sofre é irmã.

No céu, do sofrimento o brilho
Em tua fronte irá refletir,
E o raio da tua essência
    O mártir irá iluminar.

*O Anjo da Eucaristia pede o que poderá fazer para consolá-lo da ingratidão dos homens.*

## Resposta do Menino Jesus

Anjo de minha Eucaristia,
Encantarás meu Coração;
Sim, é tua doce melodia
    Que consolará minha dor.

Tenho sede por dar-me às almas,
Mas muitos corações têm medo.
Serafim, dá-lhes tuas chamas,
    Atrai-as com teus doces cantos.

Quisera que o sacerdote
A um Anjo se assemelhasse!
Gostaria que renascesse
    Antes de subir ao altar.

A fim de operar o milagre,
É mister que, ardentes de amor,
As almas, junto ao Tabernáculo,
    Se imolem de noite e de dia.

*O Anjo da Ressurreição pergunta o que acontecerá aos pobres exilados da terra, quando o Salvador subir aos céus.*

## Resposta do Menino Jesus

Eu subirei para o Pai
A fim de atrair meus eleitos.
Depois do exílio da terra,
 Em meu Coração os terei.

Ao soar a última hora
Meu rebanho reunirei;
E na moradia celeste
 A lâmpada eu lhes serei.

## O Anjo do Juízo final

Esquecerás, Jesus, bondade suprema,
Que o pecador deve, enfim, ser punido?
Esquecerás Tu, em teu amor extremo,
Que dos ímpios, infinito é o número?
No Juízo, castigarei seu crime,
Meu furor saberá exterminá-lo.
Meu gládio está pronto, Jesus, doce Vítima,
 Meu gládio está pronto! Vou te vingar!

## O Menino Jesus

Anjo belo, abaixa a espada,
Este julgar a ti não compete.
A natureza que a mim conta:
 Da paz eu sou Mensageiro.

Quem há de julgar este mundo
Sou eu… pois meu nome é Jesus!
Meu sangue é fonte fecunda
    Que purificará os eleitos todos.

Sabes Tu que as almas fiéis
Cada dia me consolarão
Das blasfêmias dos infiéis
    Com um simples olhar de amor?

Por isso, na pátria celeste,
Meus santos serão gloriosos;
E comunicando-lhes vida
Outros deuses deles farei.

# O Anjo do Juízo final

Melodia: *Dieu de paix e d'amour.*

Diante de ti, doce Menino, o Querubim
se inclina.
Ele admira, surpreso, teu inefável amor.
Quereria, como tu, subir a sombria colina
E poder um dia morrer!

## Refrão

*Cantado por todos os Anjos.*

Como é grande a ventura da humilde criatura!
O Serafim quereria em seu deslumbramento,
Abandonar, ó Jesus, a natureza angélica,
E se tornar criança...

Natal de 1894.

# A fuga para o Egito

RECREAÇÃO PIEDOSA (EXCERTOS).

*O Anjo aparece a São José.*

MELODIA: *LA FOLLE DE LA PLAGE.*

Para o Egito, bem depressa
É preciso já fugir!...
José, parte nesta noite,
    Sem ruído algum fazer.

Herodes, em sua fúria,
Quer o Rei novo pegar:
Deste divino Cordeiro
Sim, quer a vida tirar.
Toma a Mãe e o Menino
    E foge logo daqui.

*O canto dos Anjos acompanhando a Sagrada Família.*

MELODIA: *LES GONDOLIÈRES VÉNITIENNES.*

Inefável mistério!
Jesus, Rei do céu,

Exilado na terra
    Foge do mortal!

A este Deus envolto em panos
Todo o nosso amor ofertemos;
Que as nossas brancas falanges
    Venham sua corte formar.

Cubramo-lo com nossas asas
E também com as flores mais lindas;
Com nossos cânticos mais belos
    Embalemos o Rei dos Céus.

Para sua Mãe consolar
Com mistério iremos cantar
Os encantos do Salvador
    Sua graça e grande doçura.

Ah, deixemos esta margem,
Bem longe da tempestade,
Vamos fugir esta noite
    Longe de todo o ruído.

A Virgem sob o seu véu
Esconde a nossa estrela:
O astro dos eleitos,
    O Menino Jesus.

O Rei do céu
    Foge do mortal!...

# O Anjo do deserto

Melodia: do "*Credo d'Herculanum*".

Venho cantar da Sagrada Família
O brilho divino que aqui me atrai;
No deserto, esta estrela que brilha
Me encanta mais que a glória dos céus.
Quem poderá compreender o mistério
Entre os seus, Jesus ser rejeitado?
Ele é errante e viaja na terra,
    Ninguém sabe descobrir sua beleza.

Se os grandes desprezam teu poder,
Oh, Rei do céu e Astro misterioso,
Há muito mais de um coração que te deseja,
És a esperança dos mais infelizes,
Verbo eterno, ó sapiência profunda!
Derramarás teus dons inefáveis
Sobre os pequenos e frágeis do mundo:
    E escreverás seus nomes no céu.

Se dás a sabedoria em herança
Ao ignorante, se humilde de coração,
Toda alma é feita à tua imagem,
O pecador vens chamar e salvar.
Virá o dia em que neste campo

Cordeiro pastará ao lado do leão;
E o deserto, que é tua única pátria,
    Mais de uma vez o teu nome ouvirá.

Ó Deus escondido! Almas virginais,
Ardentes de zelo ao fogo do amor,
Lançar-se-ão em teus traços reais,
E os desertos um dia serão povoados.
Corações ardentes e almas seráficas,
Que alegrarão os Anjos do céu.
Mas o humilde som dos divinos cantos
    Fará tremer o tenebroso abismo.

Em sua fúria e sua baixa inveja,
Satã quer despovoar os desertos;
Ele não sabe o poder infinito
Do frágil Menino, que o mundo ignora.
Ele não sabe que a Virgem fervente
Encontra repouso no seu coração;
Ele não sabe quanto é poderosa
    Esta alma unida ao seu Salvador!

Talvez, um dia, as esposas queridas
Partilharão teu exílio, meu Deus.
Mas os pecadores que as expulsaram
Nunca apagarão o fogo do amor.
O ódio sacrílego do mundo impuro
Não há de esperar as Virgens do Senhor
Até sujar sua veste de neve,
    Até manchar sua celeste alvura!...

Ó mundo ingrato, teu reino expira;
Não vês tu que este pequeno Menino

Colhe alegre a palma do martírio,
A rosa de ouro e o lírio brilhante?
Não vês tu que suas virgens fiéis
Trazem na mão a lâmpada do amor?
Também não vês que as portas eternas
    A todos santos devem se abrir?

Momento feliz! Que grande ventura
Quando os eleitos aparecem gloriosos,
Recebendo em troca de seu amor
A eternidade para amar nos Céus!
Depois do exílio, não há sofrimento,
Mas repouso da celeste morada;
Após o exílio, sem fé e esperança,
    Somente a paz e o êxtase de amor!

21 de janeiro de 1896.

# Jesus em Betânia

Recreação piedosa.

Melodia: *L'Ange et l'aveugle.*

## Maria Madalena

Ó Deus, meu Mestre divino,
Jesus, meu único amor!
A teus pés eu quero ficar,
E morada ali fixar.
Em vão, aqui nesta terra
Procurei felicidade.
Só uma amarga tristeza
Meu coração veio encher...

## Jesus

Ó Maria Madalena!
Sou teu doce Salvador!
Esquecendo toda a pena,
Goza sempre teu amor.
Teus pesares são extremos,
Meu coração te repete:
Em bem sei que tu me amas.
A mim basta teu amor!

## Maria Madalena

É demais, ó meu bom Mestre!
Sinto-me desfalecer...
Se eu não posso renascer
Neste dia, ou morrer!
Compreende meus receios,
Ó Jesus, meu Salvador!
Fiz correr as tuas lágrimas,
    Quão imensa é minha dor!

## Jesus

É verdade, em tua alma
O meu pranto derramei;
Mas com um traço só de fogo
Sei mudar os corações.
Tua alma refloresce
Pelo meu olhar divino
E durante a vida eterna
    Sempre me abençoará.

## Madalena

Jesus, o teu próprio amor
Vem rasgar meu coração.
Tua bondade suprema
Faz a minha dor crescer.
Teus encantos desconheço
E quando eu me arrependo
Eu só tenho as minhas lágrimas
    Para oferecer-te, Senhor!

### Jesus

Estas lágrimas preciosas
Em meus olhos brilhem mais
Do que pérolas ardentes
Que cintilam lá nos Céus.
À estrela encantada
Cintilando no azul,
Quero antes a amante
    Que tem puro o coração.

### Madalena

Que mistério deslumbrante,
Meu divino Salvador!
Não há nada sobre a terra
Que te encante o coração?
As montanhas mais distantes,
O branco e doce cordeiro,
As flores de nossos campos
    Haverá algo mais belo?

### Jesus

Tu vês a flor aberta
E seu brilho encantador;
Enquanto eu vejo a rosa
De teu ardoroso amor
Esta rosa purpurada
Encantou meu coração;
Ela é minha preferida
    Entre outra flor qualquer.

## Madalena

O pássaro de voz pura
Canta tua grandeza;
O riacho que murmura
Dar-te-á o seu frescor;
O lírio lá do vale
Te oferece seu tesouro:
A brancura estrelada
De finas pérolas douradas.

## Jesus

Salomão, em sua glória,
Era menos adornado
Em seu trono de marfim
Do que o lírio perfumado,
As singelas margaridas
Vão além do grande rei,
E todas essas florinhas
Só se abrem para ti.

## Madalena

Do cortejo virginal,
Te oferecendo seu amor,
E o manto cor de neve
Fulgirá em seu fulgor…
Eu, da triste vida,
Ofereço-te o fim,
Mas ai! eu a murchei
Quando ainda era manhã.

### Jesus

Se eu gosto da aurora
As luzes puras, brilhantes:
Eu amo também, Maria,
A bela tarde, radiante.
Minha bondade sem par
Deseja que o pecador
E a alma virginal
    Se unam em meu coração!

### Madalena

Não estás entre teus Anjos,
Com seus sublimes ardores?
Pois em suas brancas falanges
Tu derramas teus favores!
Eu, pobre pecadora,
Que não soube merecer
Esta inefável ternura
    De tua grande infinidade.

### Jesus

Bem mais alto do que os Anjos
Tu também irás um dia;
Eles dirão teus louvores
Invejando o teu amor!
Mas é preciso que na terra,
Por teus irmãos pecadores,
Que, vivendo solitária,
    Tu me atraias corações.

### Madalena

Senhor, de um zelo extremado
Sinto arder meu coração;
E tua voz que eu amo
Venha dobrar-lhe o ardor.
Mas para ser um apóstolo
Muito fraco é o coração;
Então, empresta-me o teu,
    Jesus, doce Salvador!

### Marta

Vê minha irmã, bom Mestre, ela se esquece…
Vê que meu trabalho não a inquieta.
Dize-lhe, então, ó Senhor, eu te suplico,
    Que me ajude a servir a refeição.

### Jesus

Marta, caridosa hospedeira,
Por que tanto assim te preocupas?
Tua irmã está sempre atenta
    Com quem só a quer encantar.

### Marta

Mas, divino Salvador, eis o que me espanta:
Não deveria ela um pouco desviar
Seus olhares de quem cada dia lhe dá,
    E sonhar dar-lhe também um presente?

Jesus

Ó Marta, eu vou te confiar:
Se o teu amor é generoso,
O de tua irmã Maria
  Me é igualmente precioso!

Marta

Tuas palavras, Senhor, para mim são mistérios,
E não posso deixar de pensar
Que vale mais trabalhar que rezar;
  Eu sinto que meu amor me dispensa.

Jesus

O trabalho é bem necessário,
Eu próprio o santifiquei;
Mas por meio da oração
  Tu podes transfigurá-lo.

Marta

Sabia, Senhor, que estando inativa,
Não poderia encantar os teus olhos.
Eis por que me apresso, adorável Conviva,
  A preparar para ti saborosos pratos.

Jesus

Tua alma é generosa e pura,
Teu trabalho o pode provar;
Mas sabes qual é o alimento
  Que eu quisera, enfim, encontrar?

Uma única coisa precisas:
Se tua irmã esteve de lado

Em tal ardorosa oração,
    Ela escolheu a melhor parte!

Sim, esta parte é bem melhor,
Desde já vou proclamar;
Ó Marta, venha nesta hora
    Ter repouso de amor...

### Marta

Enfim compreendo, Jesus, suma bondade!
Teu olhar penetrou meu coração.
São poucos os meus dons: é porém a minha alma
    Que te ofereço, muito amado Salvador!

### Jesus

Sim, teu coração eu invejo.
Até ele vou me abaixar:
Os Céus e sua glória infinita,
    Por ele quis eu me entregar.

### Marta

Por que, divino Salvador, tens dado de Maria
Tão grande louvor ao leproso Simão?
Parece-me, então, que em toda a sua vida
    Tiveste de contar mais de um dia
    tempestuoso...

### Jesus

Soube compreender a linguagem,
De um coração o amor contrito.

Ama com mais intenso ardor
    Quem mais foi perdoado.

### Marta

Ainda mais me admiro que assim seja.
Pois, Senhor, Tu me poupaste o perigo;
Eu te devo meu amor, porque desde a aurora
    Quiseste sempre me seguir e proteger.

### Jesus

É verdade que uma alma pura,
A obra-prima do meu amor,
Deverá de sem medida alguma
    Sempre me amar e bendizer.

Desde a infância me encantaste
Pela tua grande pureza,
Mas, se tu tens a inocência,
    Madalena tem a humildade.

### Marta

Para te agradar, Jesus, quero eu na vida
Desprezar honras e glórias humanas…
Trabalhando por ti, imitarei Maria,
    Buscarei somente teus olhares divinos.

### Jesus

Assim tu salvarás as almas
E irás atraí-las a mim;

Bem longe levarás as chamas
Com a luzente tocha da fé.

## Marta e Madalena

Tua voz, doce Jesus, é melodia
Que nos enche de amor e inflama o coração.
Fica conosco para encantar nossa vida,
Fica aqui para sempre, amável Redentor!

## Jesus

Em Betânia eu sou feliz,
Aqui sempre vou descansar;
E, na Pátria, o vosso Deus
Agradecido vos será...

Compreendeis o grande mistério
Que me fez descer até aqui:
A alma interior me é cara.
Muito mais que a glória dos céus.

A glória será vossa, um dia,
E meus bens serão vossos também;
Vós tereis a incomparável honra:
Chamar-me-eis de vosso Esposo!

Nesta terra, fiéis amigas,
Vos encarregais de alimentar-me;
No banquete das santas núpcias,
É meu encargo servir-vos.

29 de julho de 1895.

# Oração da filha de um Santo

A seu bom Pai, chamado por Deus
a 29 de julho de 1894.

Lembra-te que outrora na terra
Teu único prazer era amar-nos:
De tuas filhas escuta a prece,
Protege-nos e abençoa também.
No céu, reencontras nossa mãe querida,
Há muito tempo já na santa pátria;
Agora nos céus,
Os dois reinais…
Velai por nós!

Lembra-te de tua ardente Maria,
A que foi mais cara ao teu coração;
Lembra-te dela que encheu tua vida
Com seu amor, de encanto e bondade
Por Deus, renunciaste à sua doce presença,
Abençoaste a mão que te dava o sofrer…
Do teu *diamante*
Mais cintilante
Lembra-te!

Lembra-te também da *pérola fina*,
Que frágil cordeiro tu conheceste;
Ei-la que conta com a força divina
E do Carmelo conduz o rebanho.
Das outras tuas filhas tornou-se a Mãe,
Vem, pois, guiar a que te é tão querida.
Mesmo no céu
Do pequeno Carmelo
Lembra-te.

Lembra-te, sim, desta ardente oração
Feita em favor da terceira das filhas.
Deus a ouviu, pois julga a terra
Um lugar de exílio e banimento.
A Visitação a guarda aos olhos do mundo,
Ela ama o Senhor, sua paz a inunda
De seus suspiros
E ardentes desejos,
Lembra-te.

Lembra-te, enfim, de tua fiel Celina,
Que foi para ti um anjo dos céus.
E quando um olhar da Face divina
Veio provar-te por gloriosa escolha,
Tu reinas no céu... cumpriu sua missão;
Agora a Jesus sua vida ela dá...
Protege tua filha,
Que sempre repete:
Lembra-te.

Lembra-te de tua *pequena rainha*,
Do amor que de seu coração transborda...
Lembra-te que em seus passos vacilantes

Foi sempre tua mão que a guiou.
Papai, lembra-te que na sua infância
Só por Deus guardaste sua inocência!
    Seus belos cabelos
    Encantavam teus olhos,
    Lembra-te!

Lembra-te de que em nosso Belvedere,
Em teus joelhos, tu sempre a sentavas...
E murmuravas, então, uma prece,
Para embalá-la com doce estribilho!
E ela via o céu brilhar em tua face
Quando teu olhar profundo mergulhava no espaço...
    E da eternidade
    A beleza cantavas
    Lembra-te!

Oh! lembra-te do radiante domingo
Quando a apertavas ao teu coração,
E lhe deste uma *florzinha branca*,
Permitindo-lhe voar para o Carmelo.
Ó pai, lembra-te que em suas grandes provas
O mais sincero amor tu lhe mostraste.
    Em Roma, em Bayeux
    Apontaste-lhe o céu:
    Lembra-te!

Lembra-te de que a mão do Santo Padre,
No Vaticano, em tua fronte pousou;
Não compreendeste, porém, o mistério

Do selo de Deus que em ti se gravou...
Tuas filhas, agora, dirigem-te a prece;
Bendizem tua cruz e tua amarga dor!
    Em tua fronte gloriosa
    Brilham nos céus
    *Nove lírios* em flor!

Agosto de 1894.

# O QUE AMEI...

COMPOSTA A PEDIDO DE SUA IRMÃ CELINA DURANTE SEU NOVICIADO.
MELODIA: *COMBIEN J'AI DOUCE SOUVENANCE.*

*No Amado acho as montanhas,*
*Os vales solitários, nemorosos,*
*As ilhas mais estranhas,*
*O rios rumorosos,*
*E o sussurro dos ares amorosos;*
. . . . . . . . . .
*A noite sossegada,*
*Quase ao surgir da aurora;*
*A música calada,*
*A solidão sonora*
*A ceia que recreia e aumenta o amor.*
São João da Cruz

Oh, como eu amo a minha lembrança
Dos dias benditos da infância!
Para guardar a minha inocência
Quis o Senhor me rodear sempre
De amor.

Também, apesar da pequenez,
A Deus dei toda a minha ternura;

E meu coração fez a promessa
De o Rei dos eleitos esposar,
Jesus.

Na primavera da vida amei
Meu São José e a Virgem Maria;
Minha alma já então se extasiava
Quando meus olhos refletiam
Os céus!

Amei os belos campos de trigo,
A planície e a distante colina;
Na alegria eu mal respirava
Ao colher com as minhas irmãs,
As flores.

Eu gostei de colher as plantinhas,
As centauras e demais florezinhas;
Achava o perfume das violetas
E, sobretudo, o da primavera
Muito suave.

Eu amei a margarida branca,
Em meus passeios dominicais;
O doce cantar das avezinhas,
Que voavam no azul luminoso
Dos Céus.

Eu gostava de pôr cada ano
Meu sapatinho na chaminé;
E correndo, logo ao despertar,
Eu cantava a festa do céu:
Natal!

De mamãe, eu amei o sorriso,
Seu profundo olhar nos dizia:
A eternidade deslumbra, me atrai...
E no céu que é azul eu irei
Ver a Deus!

Vou encontrar na pátria celeste
*Meus anjos*, junto à Virgem Maria.
Destas filhas que deixo na vida
A Jesus ofertarei o pranto,
Os corações!

Oh, como amei na hóstia a Jesus,
Que me veio na aurora da vida,
Prometer-se à minha alma encantada.
Que alegria senti ao lhe abrir
Meu coração!

Eu também amei, no Belvedere,
Inundado de luz muito viva,
Receber as carícias de um pai,
Contemplando seus cabelos brancos
Como a neve.

Eu sentada sobre seus joelhos
Com a Teresa, ao findar da tarde,
Lembro-me de ser muito embalada,
Ouvindo até de seu doce canto
O acento.

Oh, lembrança! Quanto me repousas!
Lembras-me também de muitas coisas...

As ceias e o perfume das rosas,
Os Buissonnets cheios de alegria,
O verão!

À hora em que o ruído se cala,
Eu amava expandir à vontade
A minha alma com a de Teresa;
Com ela não formava senão
Um só coração!

Então, mesclavam-se nossas vozes,
Nossas mãos, uma à outra se davam;
Juntas, cantando as núpcias sagradas,
Já sonhávamos com o Carmelo,
O céu!

D'Itália e Suíça o céu azul,
Os frutos dourados me extasiaram.
Eu amei o olhar cheio de vida
Do santo Ancião, Pontífice-Rei,
Em mim!

Com muito amor, porém, te beijei,
Terra bendita do Coliseu!
Das catacumbas o arco sagrado
Mui docemente tem repetido
Meu canto.

À alegria seguiu-se o pranto;
Foram ouvidos os meus alarmes!
Do meu Esposo eu tomei as armas,
E sua cruz foi para mim sustento,
Meu bem...

Então amei, fugindo do mundo,
Esperei que o eco respondesse;
No vale solitário e fecundo
Eu colhia em meio às minhas lágrimas
    As flores.

Por fim amei da distante igreja,
Ouvir o sino muito indeciso.
Para sentir da brisa os suspiros
Nos campos gostava de sentar
    À tarde.

Eu amei o voo das andorinhas,
O canto tristonho das rolinhas;
Com prazer escutava os insetos
Voando com as rápidas asas
    Ruidosos.

Eu amei o orvalho matinal
A ornar a rosa de Bengala;
Amei ver a abelha virginal
Sob os raios do céu preparar
    O mel.

Eu gostava de colher as urzes,
Correndo sobre o musgo macio;
E caçava por entre as folhagens
Borboletas por puro reflexo
    Do azul.

Amei o pirilampo a luzir,
Também as estrelas incontáveis…

Amei na noite escura o clarão
Da lua, como um disco de prata
    Reluzente.

A meu pai na sua velhice
Eu dei o apoio da juventude…
Ventura ele era, filho e riqueza.
Ah, ternamente eu o abraçava
    Muitas vezes.

O ruído das ondas amamos,
O furor da procela que vem;
À noite, na solidão profunda,
Do rouxinol, ao fundo do bosque,
    A voz.

Mas, numa manhã, seu belo rosto,
Do crucifixo buscou a imagem…
De seu amor, deixou-me a certeza,
Dando-me então seu último olhar…
    Minha herança!

E do bom Jesus a mão divina
De Celina o tesouro tomou,
E levando-o longe da colina,
Bem perto do Eterno o colocou,
    No céu.

. . . . . . . . . . . . . . . . .

Agora, prisioneira eu me sinto,
Porque fugi dos bosques da terra,
Eu vi que nela efêmero é tudo,

Vi murchar minha felicidade,
Morrer!

Sob meus passos, a erva secou,
Em minhas mãos, a flor tem murchado!
Jesus, quero correr em teus prados;
Sobre eles não ficarão marcados
Meus passos.

Como uma corça, em sua ardente sede,
Suspira, então, pela água corrente,
Jesus, corro a ti desfalecida:
Para acalmar o ardor, necessito
De tuas lágrimas…

É só o teu amor que me arrasta;
Meu rebanho eu deixo no plano,
Não me tomo a dor de guardá-lo;
Quero só agradar meu Cordeiro
Novo.

Jesus, Tu és o Cordeiro que amo;
Tu me bastas, oh, meu bem supremo!
Em ti tenho tudo: a terra e o céu:
A flor que colho, ó meu doce Rei,
És Tu!

Jesus, belo Lírio do vale,
Cativou-me teu doce perfume.
Buquê de mirra, ó suave corola
Em meu coração vou te guardar,
Te amar!

Sempre me acompanha teu amor.
Em ti tenho os bosques e seus campos,
Tenho os rios e a longínqua montanha,
A chuva e os leves flocos de neve
        Dos Céus.

Em ti, Jesus, tenho as coisas todas,
Os trigais e as flores entreabertas,
Miosótis d'ouro e botões de rosas;
Do branco lírio eu tenho o frescor.
        O odor.

Também tenho a melodiosa lira,
Nem falta a harmoniosa solidão,
Os rios, os rochedos e as cascatas,
O murmúrio doce dos riachos,
        O pássaro.

Tenho o arco-íris e a aurora pura,
Todo o verdor e o vasto horizonte;
Ilhas distantes… messes maduras…
Borboletas mil e primavera,
        Os campos.

Em teu amor, eu encontro ainda
Palmeiras douradas pelo Sol,
A noite como o surgir da aurora,
Pois, em ti encontro como nunca
        A paz!

Tenho cachos de uvas saborosas,
E muitas libélulas graciosas,

A mata com as misteriosas flores;
Tenho todas as louras crianças
        E seus cantos.

Em ti, tenho as fontes e as colinas,
Lianas, pervincas, espinheiros,
Frescos nenúfares, madressilvas,
Rosas silvestres, choupos bem altos,
        Ligeiros.

Tenho a trêmula e maviosa aveia,
A voz grave e possante dos ventos,
O fio da Virgem e a chama ardente,
O zéfiro e as moitas floridas,
        Os ninhos.

Eu tenho a rolinha humilde e pura;
Em ti, sob minha veste grosseira
Encontro alegre e rico enfeite
Colares, anéis, finos diamantes
        Brilhantes.

Tenho o belo lago e o fundo vale
Solitário e com um matagal;
Do Oceano, tenho a onda prateada,
Pérolas, corais, tesouros vários
        Dos mares.

Tenho o barco que foge da praia,
O sulco dourado com sua margem;
Tenho o Sol a debruar a nuvem
Assim que do céu desaparecem
        Os raios.

Em ti, tenho uma estrela luzente;
Por vezes, teu amor se revela
E vejo como através de um véu,
Quando o dia já vai declinar,
    Tua mão!

Ó Tu, que os mundos todos sustentas,
Que as florestas profundas plantaste,
Que as fecundas com um simples olhar,
Com sentimentos de amor Tu me segues
    Sempre!

Tenho o teu Coração e tua Face,
Mas tua flecha de amor me feriu...
Tenho o beijo de teus lábios santos,
Eu te amo e nada mais quero ter,
    Jesus!

Um dia cantarei com teus Anjos
Do amor sagrado os belos louvores...
Em suas falanges faz-me voar...
Ó meu Jesus, que eu morra um dia
    De amor!...

Atraído por sua aparência,
Para o fogo o inseto se lança;
Só teu amor é minha esperança,
Por isso a ele eu quero voar,
    Me queimar...

Estou ouvindo que se prepara,
Ó meu Deus, a tua eterna festa!

Tomando logo minha harpa muda,
Em teus joelhos vou me sentar
    E te ver!

Junto de ti, eu verei a Maria,
Os Santos todos… minha família…
Após o exílio da vida eu vou
Encontrar minha casa paterna,
    No céu…

28 de abril de 1895.

Conecte-se conosco:

facebook.com/editoravozes

@editoravozes

@editora_vozes

youtube.com/editoravozes

+55 24 2233-9033

www.vozes.com.br

Conheça nossas lojas:

www.livrariavozes.com.br

Belo Horizonte – Brasília – Campinas – Cuiabá – Curitiba
Fortaleza – Juiz de Fora – Petrópolis – Recife – São Paulo

EDITORA VOZES LTDA.
Rua Frei Luís, 100 – Centro – Cep 25689-900 – Petrópolis, RJ
Tel.: (24) 2233-9000 – E-mail: vendas@vozes.com.br